自力で福州

バスに揺られて

Tabisuru CHINA 014
路線バスでゆく
福州と閩菜烏龍茶の旅

台孫旅游中国

Asia City Guide Production

【白地図】福州と華南

【白地図】厦門から福州

CHINA
福州

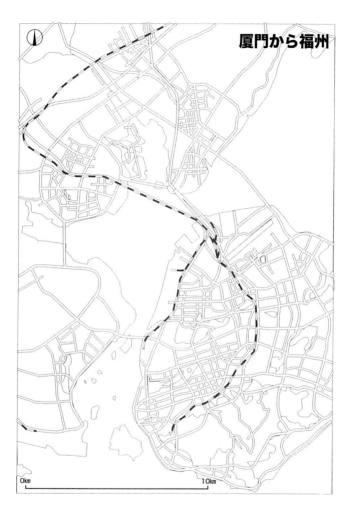

【白地図】泉州から福州

CHINA
福州

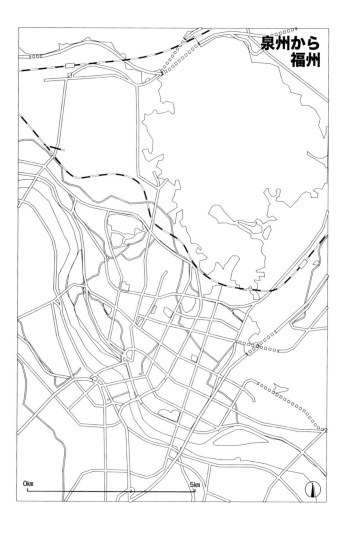

【白地図】上海から福州

CHINA
福州

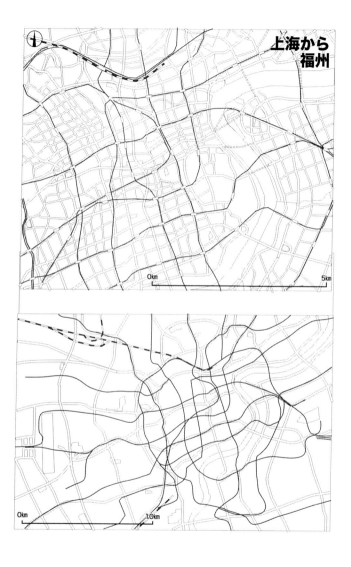

上海から福州

Fuzhou 白地図

【白地図】福州駅と福州南駅

CHINA
福州

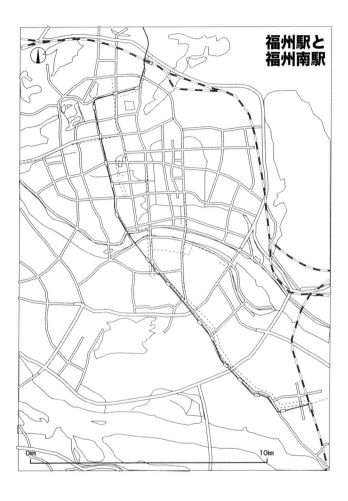

【白地図】福州駅

CHINA
福州

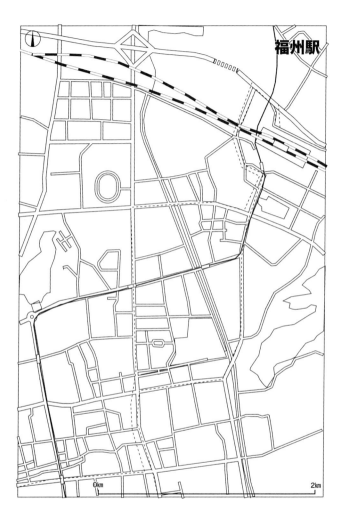

福州駅 Fuzhou 白地図

【白地図】福州空港〜福州市街

CHINA
福州

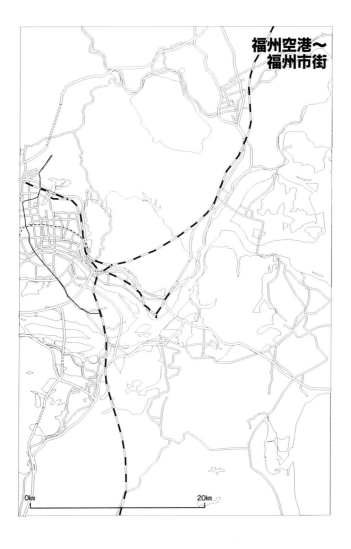

【白地図】福州

CHINA
福州

福州

Fuzhou

白地図

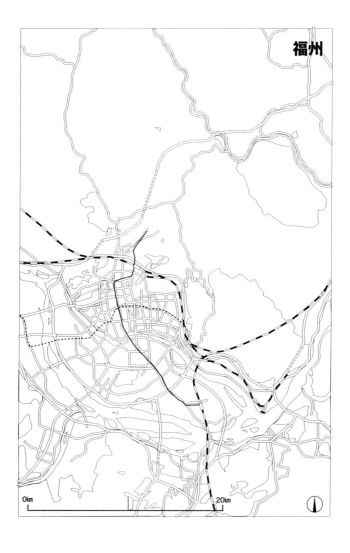

【白地図】福州8大エリア

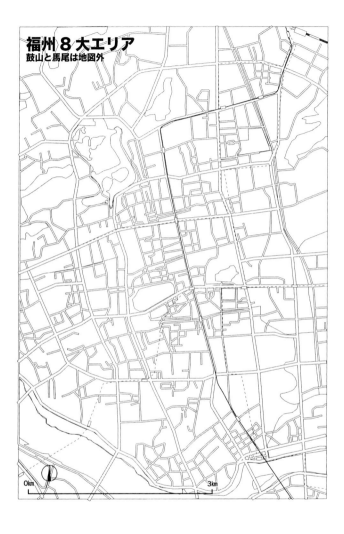

【白地図】福州旧城

CHINA
福州

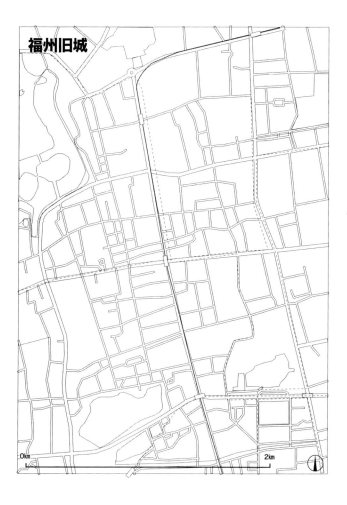

【白地図】三坊七巷

CHINA
福州

三坊七巷

Fuzhou

白地図

【白地図】路線バスの集まる五一広場

CHINA
福州

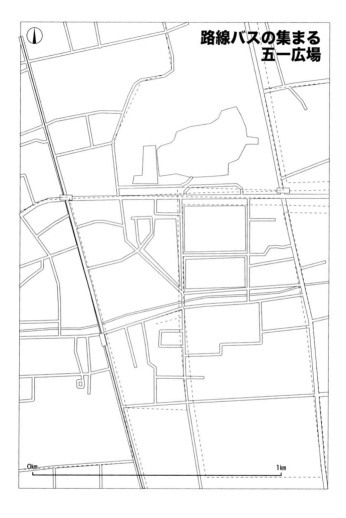

路線バスの集まる
五一広場

Fuzhou

白地図

【白地図】少し離れの観光地

CHINA
福州

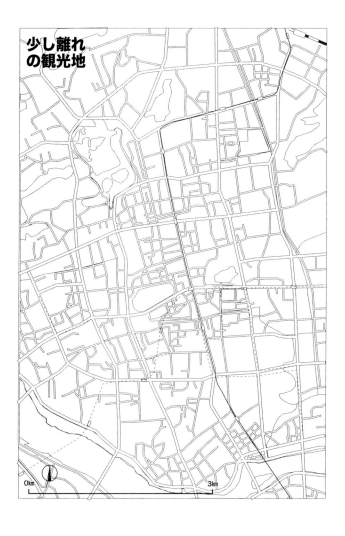

【白地図】福州〜鼓山

CHINA
福州

福州～鼓山

Fuzhou

白地図

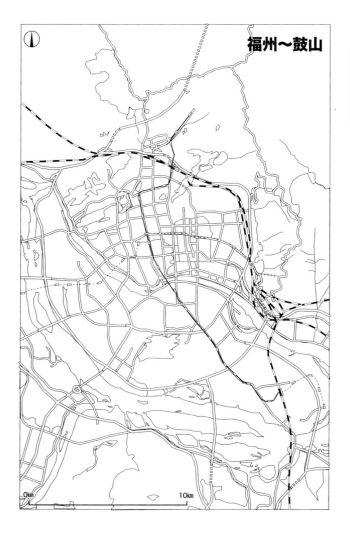

【白地図】福州～馬尾

CHINA
福州

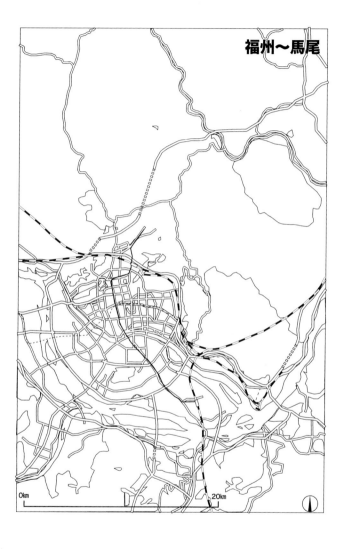

【旅するチャイナ】
011 バスに揺られて「自力で潮州」
012 バスに揺られて「自力で汕頭」
013 バスに揺られて「自力で温州」
014 バスに揺られて「自力で福州」

CHINA
福州

福州は烏龍茶の故郷、福建省の省都です。この福建省の古名を「閩（びん）」と言いますが、「門（門構え）」のなかに「虫」が入っていることからも、福建省は長いあいだ、非漢族の夷狄が暮らす辺境の地と見られていたようです。

そのうえ、一口に福建省と言っても、北部の「閩北（もしくは閩東）」と南部の「閩南」では互いに通じないほど言葉が違うことでも有名です。中国七大方言では両者はひとくくりの方言ですが、中国八大方言だと、この閩北方言と閩南方言はふたつにわかれます。

Tabisuru CHINA 014
―バスに揺られて
自力で福州

　なぜそんなことに？　答えは福建省の地形と関係があるようです。山がちで省面積のほとんどが丘陵地。すると峠を超えるのも一苦労、普通に山道を進むより、川の流れにまかせたほうが交通の便がはるかによい。こうして、なかなか中原の文化が定着せず、水系ごとに方言の異なる福建の世界ができあがったようです。福州は、福建省最大の河川、閩江のほとりに開けた街。海へも、山へも、通じる福州への旅をご案内したいと思います。

【自力旅游中国】
Tabisuru CHINA 014 自力で福州

目次

自力で福州	xxxii
福州どんなとこ？	xxxvi
福州へ行ってみよう	xlvi
福州駅南駅空港から市街	lxiii
福州ざっくり把握	lxxix
歩いて触れよう福州旧城	lxxxviii
バスで少し離れの観光地	cxii
鼓山へ足を伸ばそう	cxxix
馬尾と海の絲紬之路	cxxxix
さあ次の街に行こう	cxlvi
あとがき	cliv

【MEMO】

福州
どんな
とこ？

CHINA
福州

福州は福建省の政治、経済、文化の中心地
一方で紀元前202年に街が築かれた
由緒正しい伝統をもちます

福州は亜熱帯への入口だ

福州は年中温かい亜熱帯性の気候をしています。北緯で言えば大体26度、沖縄県の那覇市と同じぐらいです。福州では亜熱帯性のガジュマル（榕樹）がいたるところに見えますが、これは北宋時代の1066年、太守張伯玉がこの木を植えることを奨励したことに由来し、福州の別名を「榕城」と言います。福州を訪れたのは真夏の8月でしたが、南京や北京のような「暑さ」というより、湿気の多い日本のような「不快な暑さ」を感じたものです。歩くと汗がだらだらと出るのです。中国東南沿岸部特有の気候かもしれません。しかし、だからこそ

Fuzhou 福州どんなとこ？

冷たいビールがたまらなくうまかったのも、福州滞在の思い出でした。最近では中国でも冷えたビールは一般的。ビールを頼むとき、「冰的ビィンダァ（冷たいの）」とオーダーすると冷えたビールが出てきます。

あの島と、さまざまな共通点が

先ほど福州は、沖縄の那覇と「北緯が大体同じ」と記しましたが、実は似ているのはそれだけではありません。苦瓜、アシディビチ、豆腐チャンプルなど、福州と沖縄で共通の食べものが見られるのです。そして、「クーサンクー（公相君）」

CHINA
福州

など、型名に多くの中国語がとり入れられている空手（唐手）は、料理とともに福州から沖縄に伝わったのだそうです。独立した王国時代の琉球国（1429 ～ 1879 年）は、日本と中国双方に使節を送り、琉球のための迎賓館だった柔遠駅跡が福州旧城外に残っています（中国側が琉球の受け入れ窓口を福州に指定した）。中国へ朝貢使節を送ると、献上した物資以上の品を下賜されたことから、琉球では「唐一倍」と言って、多くの琉球人が海を渡ったのでした。この柔遠駅は福州琉球館とも呼ばれ、100 人程度の琉球人（沖縄人）がここ福州で暮らしていたと言います（琉球人のお墓も残ってい

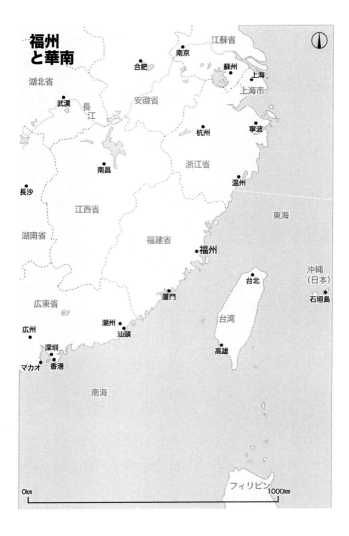

▲左 街角の福州料理店、小吃をつまんでみよう。 ▲右 古い街並みが見られる三坊七巷

ます)。福州への朝貢使節は、1868年の明治維新後の廃藩置県で、琉球国が沖縄県となってついえるまで500年続いたそうです。

もうひとつゆかりのある街も

このように琉球の朝貢窓口は福建省の福州でしたが、日本の室町幕府が明から指定された窓口は浙江省寧波でした(寧波の乱で有名ですよね)。そして、寧波や福州と日本を往来する船が東海を行き交ったのですが、やがて1603年、日本に江戸幕府が成立し、鎖国政策がとられると、日本の対外窓口

【MEMO】

CHINA
福州

は長崎一港となります。ここに寧波や福州からやってきた中国人が暮らし、1624年に興福寺（南京寺）、1628年に福済寺（漳州泉州寺）、1629年に崇福寺（福州寺）という長崎の三福寺が建てられます。これらのお寺は、それぞれ江南出身の中国人、閩南出身の中国人、閩北（福州）出身の中国人によって建てられたもので、日本側も「南京口」や「漳州口」「福州口」と呼んでそれぞれの中国人の話す言葉が違うことを認識していたようです。背後に山、そばに海という地形的な制約のある福州の人びとは多く、海を渡って長崎へ訪れたのでした。

Fuzhou 福州どんなとこ？

▲左　烏塔（黒塔）は白塔とともに福州の黒・白のシンボル。　▲右　24時間営業の図書館が見られた

福州と関係ある日本の食べもの

長崎にやってきた福州人は、交易品のほか、多くの文化を日本に伝えました。代表的なのは京都宇治に黄檗山萬福寺を開いた福州人（福清人）の隠元が伝えたという「隠元豆」かもしれませんが、隠元は同時に「れんこん」「すいか」を日本にもたらしたと言います。ほかにも唐人貿易で、中国人が船底で栽培していた「もやし」や「かりんとう」「そうめん」も、この時代の長崎に伝わったようです。長崎ではしっぽく料理という福建料理をもとにした料理が食べられていましたが、そこから「皿うどん（炒肉糸糸麺）」や「長崎ちゃんぽん」

CHINA
福州

が生まれたと言います。ちなみに「ちゃんぽん」という言葉は北京語で「吃饭（チーファン）」と呼ぶ音を、福建語では「吃饭（シャポン、セッポン）」と発音されることに由来するのだそうです。

では中国側では

以上は日本側から見た福州の特徴やイメージですが、中国側では福州はどのような位置づけなのでしょうか？　福建省の古名である「閩」とは福州を流れる閩江からとられたようで、はじめに記した通り「門」のなかに「虫」が入っているとい

福州どんなとこ？ Fuzhou

うところからも、中原の漢族とは大分異なる習俗をもつ人たちが暮らしていたと言います。この漢族にとっての異民族の暮らす「閩」の土地に、唐宋時代から漢族が南遷し、その進出拠点となった福州（海岸ルート）と建州（内陸ルート）の頭文字をとって、「福建」という名前ができたそうです。この時代、「海のシルクロード」で知られる海上交易が盛んになり、やがて明清時代、泉州の港の港湾環境が悪化したことから、福州が代わりにこの地方最大の港へと成長しました。そして、福建省の省都がおかれ、北京から派遣された官僚が暮らす行政府という性格が続いたのでした。

福州へ
行って
みよう

CHINA
福州

福州は福建省北部の海岸地帯に位置する街
南北をつらぬく高速鉄道も整備され
かんたんに福州へ行けるようになっています

福州への道のり

福州へは飛行機、高鉄（中国版新幹線）、普通の列車、バスなどのアクセス手段があります。ただし、北京や上海のように空路の直行便がばんばん飛んでいるというわけではありませんので、大抵はどこかの街を経由して福州に着くということが一般的ではないでしょうか？　この福州への玄関口となるのが「福州駅（福州火车站）」と新しい「福州南駅（福州南站）」です。「福州南駅」は高鉄（中国版新幹線）の駅で、もうひとつの「福州駅」近くには「福州北バスターミナル（福州市汽车北站）」も位置します。これまでに山深い福建省

Fuzhou 福州へ行ってみよう

というような表現を使いましたが、交通の便が中国で一番悪かったという福建省も、高鉄（中国版新幹線）が通ったことでググッとアクセス状況がよくなっています。なお福建省では、もっとも早い高鉄（中国版新幹線）と普通列車のちょうどあいだのような「動車」がかなり乗られていて、高鉄に準ずるほどの速度をもつ「動車」を利用することをおすすめします。また列車のタイプによって福州までの乗車時間は異なります。

CHINA
福州

[アクセス情報] 厦門から福州

・列車で。「厦門駅（厦門站）」もしくは「厦門北駅（厦門北站）」から、「福州駅（福州火車站）もしくは「福州南駅（福州南站）」へ。動車で所要1時間半〜2時間半。福州南駅は高鉄用の駅。頻繁に出ている

・バスで。湖濱長途バスターミナル（湖滨长途汽车站）、松栢長途バスターミナル（松柏长途汽车站）、集美長途バスターミナル（集美长途汽车站）から頻発。所要3時間半〜4時間

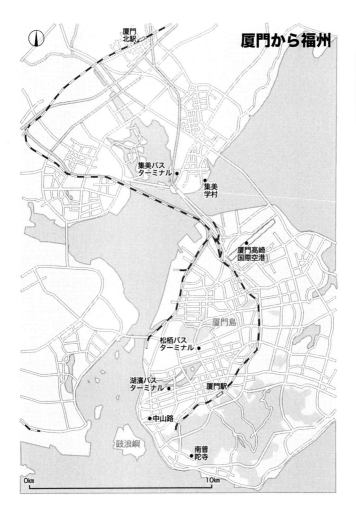

厦門から福州

Fuzhou 福州へ行ってみよう

[アクセス情報] 泉州から福州

・列車で。「泉州駅（泉州站）」から「福州駅（福州火车站）」もしくは「福州南駅（福州南站）」。所要1時間〜1時間15分程度。頻繁に出ている

・バスで。「泉州バスターミナル（泉州客运站）」、「泉州客運中心バスターミナル（泉州客运中心汽车站）」から。所要2時間半から3時間

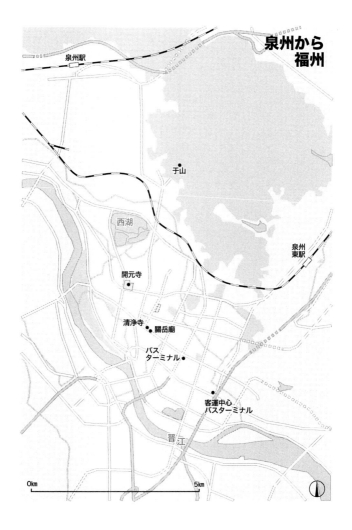

福州

[アクセス情報] 武夷山から福州

・列車で。「武夷山東」か「武夷山北」から、動車で「福州駅(福州火车站)」。所要1時間半。1時間に1〜2本程度

・バスで。「武夷山バスターミナル(武夷山汽车站)」から。列車(動車)がおすすめ

[アクセス情報] 上海から福州

・列車で。「上海虹橋(上海虹桥)」から「福州駅(福州火车站)」もしくは「福州南駅(福州南站)」へ。4時間半〜6時間半程度。

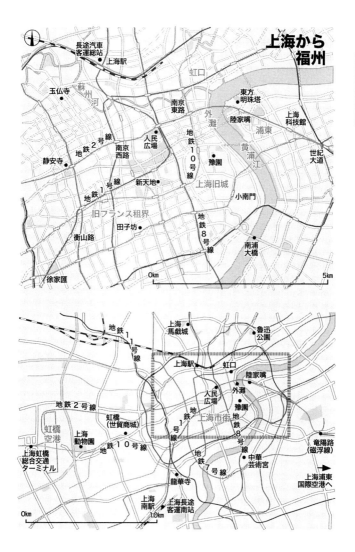

1時間に1〜3本ほど

・バスで。「上海虹橋(上海虹桥)」から。1日数本。所要10〜12時間

[アクセス情報] **温州から福州**

・列車で。「温州南駅(温州南站)」から「福州南駅(福州南站)」へ。所要2時間程度。2時間に1〜3本程度

・バスで。「温州南バスターミナル(温州汽車南站)」から。所要4時間半〜5時間

▲左　高鉄の福州南駅、ここから市街へ向かおう。　▲右　街の中心部、景勝地の集まる于山

［アクセス情報］広州から福州

・列車で。深圳からのほうがアクセスがよい

・バスで。「広東省バスターミナル（広東省汽車客運站）」もしくは「天河バスターミナル（天河客运站）」から。所要12時間程度

［アクセス情報］深圳から福州

・列車で。「深圳北駅（深圳北站）」から「福州南駅（福州南站）」へ。所要5時間半〜6時間程度。2時間に1〜3本程度

・バスで。「宝安バスターミナル（宝安客运中心站）」など各

地のバスターミナルから。所要 11 時間程度

今回の旅程

ここで今回の旅程を記しておきます。温州南駅から高鉄に乗って、福州南駅へ。そこから路線バスで福州の中心部へ行きました。福州では、行き場所とそこまでの路線バスのナンバーを尋ねながら、おもに路線バスで移動。福州滞在のあいまに、近くの馬尾や武夷山などにも行ってきました。福州滞在のあとは、「福州北バスターミナル（福州市汽车北站）」から泉州へバスで向かうという行程でした。調査時点では、福

州地下鉄は開通していませんでしたが、2016年の福州地下鉄開業にあわせて、地下鉄情報も踏まえながらこのレポートを記していきたいと思います。そのため、この旅行ガイドでは、1，実際に歩いたり、路線バスで調べた情報、2，駅やバス停で調べた情報、3，公式ページなどで知り得た伝聞情報、から構成されます。

【MEMO】

【MEMO】

Fuzhou 福州へ行ってみよう

我想坐
高铁去福州

[見せる中国語]
wǒ xiǎng zuò gāo tiě qù fú zhōu
ウォシィアンズゥオ・ガオティエ・
チュウ・フウチョウ
私は「中国版新幹線（高鉄）」
で福州（福州南）に行きたい

我想去福州

[見せる中国語]
wǒ xiǎng qù fú zhōu
ウォシィアン・チュウ・フウチョウ
私は福州に行きたい

【MEMO】

CHINA
福州

福州駅南駅空港から市街

福州駅と市街から少し離れた福州南駅
乗った列車によって着く場所は異なります
さあ福州市街へ出かけましょう

福州着いた！！

福州の窓口は、近くにバスターミナルもある「福州駅（福州火車站）」と「福州南駅（福州南站）」です。このどちらかのエリアに着く場合がほとんどでしょう（福州長楽国際空港に着いた場合の情報はのちのアクセス情報に記しておきます）。いずれの場合でも着いた場所から、福州中心部を目指しましょう。福州で絶対見たいところは、三坊七巷のある「東街口」と「五一広場」の周辺です。いわゆる福州旧城があった場所です。見どころも、ホテルも、「東街口」や「五一広場」の近くに集まっていますので、まずはこれらを目指しましょう。

福州

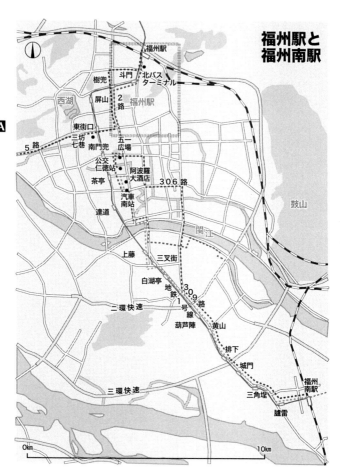

福州駅と福州南駅

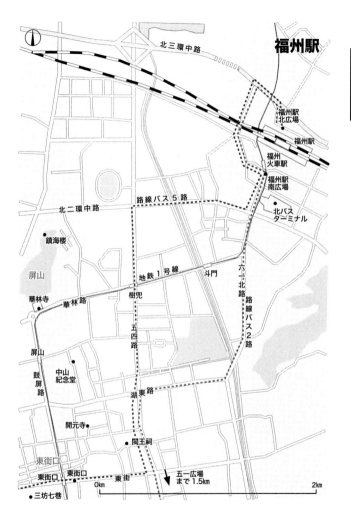

CHINA
福州

**[アクセス情報]「福州駅(福州火車站)」
「福州北バスターミナル(福州市汽车北站)」から市街中心へ**

・地下鉄で。地鉄1号線で「福州火車站」から「東街口」もしくは「南門兜」まで。調査時点未開通だが、2016年に開通

・バスで。「福州駅南広場(火车站南广场)」から5路で「東街口」「三坊七巷へ」。もしくは「福州駅南広場(火车站南广场)」から2路で「于山(五一広場)」

▲左　陸揚げされた魚がならぶ。　▲右　勤労は福というポスターが貼られていた

［アクセス情報］路線バス2路（福州駅から五一広場へ）

・福州駅北広場（火车站北广场）→東部辦公区（东部办公区）、5:30〜22:30

・東部辦公区（东部办公区）→福州駅北広場（火车站北广场）、6:30〜22:30

・1元

・福州駅北広場（火车站北广场）〜○福州駅南広場（火车站南广场〜斗門（斗门）〜湖塍（湖塍）〜洋下新村（洋下新村）〜省図書館（省图书馆）〜温泉路口（温泉路口）〜閩江飯店（闽江饭店）〜五四路口（五四路口）〜蒙古営（蒙古营）〜竜華

福州

天橋(龙华天桥)〜○五一広場(五一广场)〜〜〜〜〜東部辦公区(东部办公区)

**[アクセス情報] 路線バス5路
(福州駅から三坊七巷・東街口へ)**

・福州駅北広場(火车站北广场)→金山バスターミナル(金山公交总站)、5:45〜22:00

・金山バスターミナル(金山公交总站)→福州駅北広場(火车站北广场)、5:55〜21:30

・1元

・福州駅北広場（火车站北广场）〜○福州駅南広場（火车站南广场〜二環路斗門（二环路斗门）〜電建二公司（电建二公司）〜茶園橋（茶园桥）〜省老干局（省老干局）〜省農科院（省农科院）〜樹兜（树兜）〜古三座（古三座）〜閩江飯店（闽江饭店）〜五四路口（五四路口）〜旗汛口（旗汛口）〜○東街口（东街口）〜○三坊七巷（三坊七巷）〜〜〜〜〜金山バスターミナル（金山公交总站）

【MEMO】

Fuzhou | 福州駅南駅空港から市街

[アクセス情報] 福州南駅から市街中心へ

・地下鉄で。地鉄 1 号線で「福州南駅（福州南站）」から「東街口」もしくは「南門兜（南门兜）」まで

・バスで。306 路か 309 路で、終点が福州旧城中心部近く。306 の場合「公交仁徳站（公交仁德站）」、309 路の場合「汽車南站（汽车南站）」。k2 路が「福州駅（福州火車站）」「福州北バスターミナル（福州市汽车北站）」行き

[アクセス情報] 福州長楽国際空港から市街中心へ

・「福州阿波羅専線（福州阿波罗专线）」で。「機場（机场）」

から旧城近くの「五一中路阿波羅大酒店（五一中路阿波罗大酒店）」。所要1時間、25元。逆のルートもあり。こちらは五一広場の近くに到着

・「福州北バスターミナル/福州駅専線（汽车北站/火车站专线）」で。「機場（机场）」から「福州北バスターミナル（汽车北站）」まで。所要1時間、25元。逆のルートもあり

・「金山正祥広場専線（金山正祥广场专线）」で。「機場（机场）」から旧城近くの「正祥広場（正祥广场）」まで。所要1時間、30元。逆のルートもあり。こちらは五一広場の近くに到着

・バス停「机場（机场）」は福州机場候机楼高架橋下にある

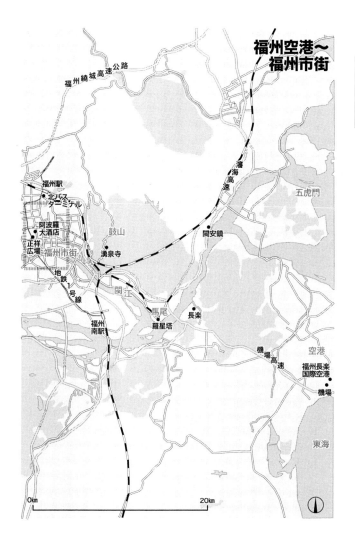

[見せる中国語]
wǒ xiǎng qù fú zhōu huǒ chē zhàn ウォシィアン・チュウフウチョウフゥオチャアヂァアン
私は福州駅に行きたい

我想去
福州火车站

[見せる中国語]
wǒ xiǎng qù fú zhōu nán zhàn
ウォシィアン・チュウ
フウチョウナァンヂァアン
私は福州南駅に行きたい

我想去福州南站

[見せる中国語]
wǒ xiǎng qù dōng jiē kǒu
ウォシィアン・チュウ
ドォンジエコウ
私は東街口に行きたい

我想去
东街口

[見せる中国語]
wǒ xiǎng qù wǔ yī guǎng chǎng
ウォシィアン・チュウ
ウウイイグゥアンチャアン
私は五一広場に行きたい

我想去
五一广场

【MEMO】

CHINA
福州

福州 ざっくり 把握

福州の街歩きにあたって
おさえておきたい8つのエリア
郊外に足を運ぶかどうかもプランニングしましょう

福州8大エリア

ここで福州街歩きの8大エリアをご紹介します。まず鉄道と北バスターミナルの集まる「福州駅（福州火车站）」、高鉄の「福州南駅（福州南站）」、続いて三坊七巷に近い福州最大の繁華街の「東街口」、そして福州の景勝地が集まる于山そばの「五一広場」、バスなどのアクセスポイントになる「正祥広場（正祥广场）」（公交仁徳站に近いです）、かつて南台と呼ばれ福州港のあった「台江」（対岸に氾船浦天主教堂が位置します）、福建省を代表する名刹で空海ゆかりのお寺涌泉寺のある「鼓山」、そして福州の外港にして羅星塔の立つ「馬尾」です。

福州

滞在日数を決めよう

福州を旅するにあたって、どこを訪れるかを決めましょう。福州では、福州旧城にある景勝地と、郊外の鼓山涌泉寺、同じく郊外の馬尾が大きな見どころのポイントになります。郊外の鼓山涌泉寺や馬尾に行くなら、1日滞在を増やす必要があります。モデルコースとしては、1，福州旧城じっくり2日＋鼓山涌泉寺と馬尾へ行く1日（3日）、2，福州旧城あっさり1日＋鼓山涌泉寺と馬尾へ行く1日（2日）、3，福州旧城あっさり1日（1日）ぐらいで、ご自身のご予定にあわせてプランニングなさるとよいと思います。ちなみに、福州

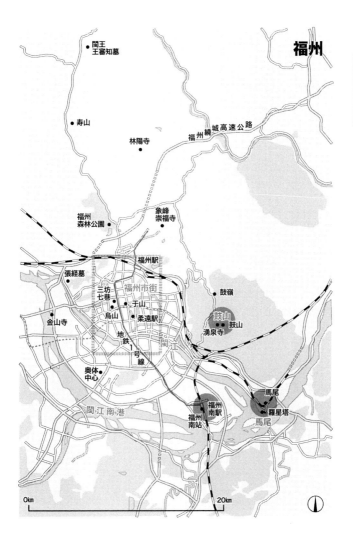

福州

Fuzhou

福州ざっくり把握

福州

は高鉄で日帰り観光のできる武夷山へのアクセスポイントでもありますので、福州観光に1日プラスすると、閩北充実の旅となることでしょう。

福州観光地おすすめランキング

1，三坊七巷

2，于山

3，涌泉寺

4，柔遠駅

5，馬尾

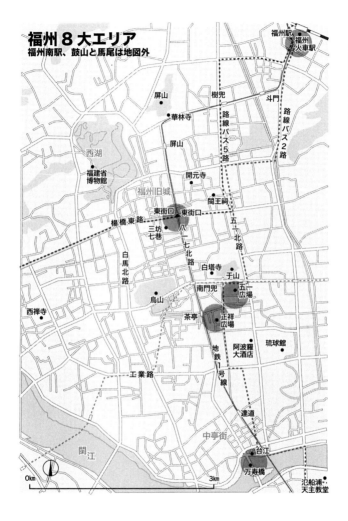

※その他、ランクづけはしませんが、6～10位に福州旧城の観光地がならびます。また西禅寺は華僑の援助で建てられたお寺で、見事な外観をもちます。一方、柔遠駅は外見は地味ですが琉球国の人びとが暮らしていたという歴史的意味合いから4位にランクさせてみました。どうぞお好みにあわせてプランニングください。

福州の街歩き

現在の福州は明清時代以来の福州旧城を中心に、北東外側に福州駅があり、南外側に五一広場が位置します。そして、福

Fuzhou 福州ざっくり把握

▲左　福州料理の名店の安泰楼。　▲右　にぎわう三坊七巷、歩いてみよう

州旧城から南に4km。閩江沿いに上海の外灘（バンド）にあたる西欧の租界が構えられ、現在では郊外に開発区がつくられています。福州観光では旧城中心の「東街口」や旧城南東の「于山」（五一広場近く）、その西側の「烏山」を結ぶトライアングル上に観光地が集中しており、このトライアングル内は徒歩で、街歩きを楽しむことをおすすめします。一方、旧城から少し離れた柔遠駅、西禅寺、泛船浦天主教堂などはタクシーか路線バスを利用してみましょう。さらに郊外の涌泉寺、馬尾へは1日余分に日数をとらないとまわることはできないでしょう。

【MEMO】

【MEMO】

歩いて触れよう福州旧城

CHINA
福州

福州旧城をそぞろ歩いてみましょう
福建省の省都だけに
さまざまな見どころが残っています

まずは三坊七巷へ

福州に着いたらまず訪れたいのが三坊七巷です。三坊七巷とは3つの坊と7つの巷という路地からなる古い街並みで、観光客向けのお土産屋さんやレストランが集まっています。もともとこのあたりは1500年にわたって福州の中心部でしたが、2005年に新たに整備されて現在の姿となりました。木材や白の漆喰壁など、福建地方の建築様式で建てられた古民居がずらりとならびます。三坊七巷では料理店や古民居（博物館）など見どころは豊富ですから、半日いてもあきませんし、プランによって滞在時間を決めるとよいでしょう。

歩いて触れよう福州旧城　Fuzhou

［DATA］三坊七巷（三坊七巷）

・入場、無料（それぞれの博物館は入場料がかかる）

・住所、鼓楼区南后街東側沿線

・開放時間、24時間。おもな見どころは 8:30 〜 17:00

東街口も行ってみよう

三坊七巷が「THE 観光地」といった趣なのに対して、三坊七巷に隣接する東街口は福州人にとってリアルな繁華街となっています。ここでは、東街口から東へ伸びるファッションストリートの東街の騎楼（福建省など中国東南部で見られ

CHINA
福州

る、風雨をさけるための2階がビルで1階がアーケードの建築)、そして福州料理の名店「聚春園」と「安泰楼」をおさえておきましょう。「聚春園」は20種類以上の最高の食材と鳥の出汁を使ったスープ料理「佛跳墻(フォオチャオチィアン)」発祥の店。「安泰楼」は「太平燕(アヒルの卵が入ったスープ)」「魚丸」「煎包」「焼き包子」「春巻き」といった点心(小吃)が手軽に食べられる人気料理店となっています。できれば、これらの店で夕食をとり、贅沢な福州料理を味わいたいものですね。

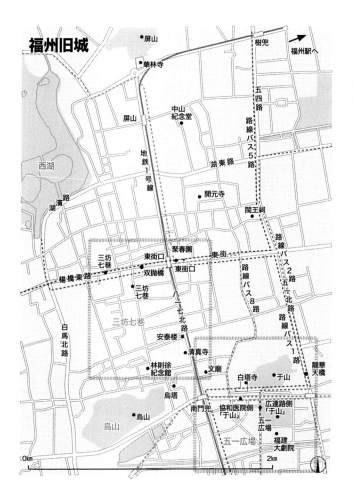

【MEMO】

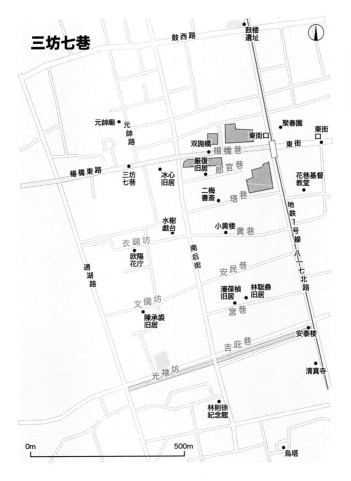

福州

[DATA] 聚春園（聚春园）

・住所、東街2号
・「佛跳墻（フォオチャオチィアン）」発祥の店

[DATA] 安泰楼（安泰楼）

・住所、鼓楼区吉庇路
・小吃や宴会料理など多彩

福州旧城には三山がある

福州の別名で三山という呼びかたがあります。北京や西安で

Fuzhou 歩いて触れよう福州旧城

▲左　木材がふんだんに使われた建物、赤ちょうちんも見える。　▲右　伽藍の背後に立つ高さ 41m の白塔

は、平地に城壁をめぐらせる街（城市）がつくられているのに対して、福州旧城は城壁内に于山（高さ 58.6m）、烏山（高さ 86.2m）、屏山（高さ 45m）という３つの山があることに由来します。正確には、紀元前 202 年に屏山麓に最初の街が築かれて以来、徐々に街が拡大し、やがて３つの山を囲むように城壁がめぐらされたことに由来するのだと言います。そして、この３つの山はいずれも道教寺院や仏教寺院の位置する景勝地となっていまして、とくに白塔の立つ「于山」、と烏塔（黒塔）の立つ「烏山」には足を運んでみたいものです。

[DATA] 于山（于山）

・入場、無料

・住所、鼓楼区于山風景区

・開放時間、8:30 〜 17:00

[DATA] 烏山（乌山）

・入場、無料

・住所、鼓楼区道山路烏山歴史風貌区

・開放時間、24 時間

・烏塔は烏山からやや東に離れている

Fuzhou 歩いて触れよう福州旧城

福州旧城そぞろ歩き

東街口から于山や烏山までは2km弱の距離で、徒歩でも30分かかりません。そしてこのあいだに、福州らしい観光地がいくつか見られるのです。まず林則徐紀念館です。中国茶の対価にアヘン密輸を行なったイギリス商人をとりしまるため、広州へ派遣された清朝官吏の林則徐（1785〜1850年）ゆかりの品じなが見られます。建築自体も福州の代表的園林となっているようですので、おすすめします。ほかには八一七路沿いに位置する文廟と福州清真寺（モスク）です。これらは福州が福建省の中心都市であることを端的に示すも

福州

のですし、八一七路は福州旧城から閩江へ向かう大動脈として、かつては南大街（南街）と呼ばれていたのでした。

[DATA] **林則徐紀念館**（林则徐纪念馆）
・入場、無料
・住所、福州市鼓楼区澳門路 16 号
・開放時間、8:30 〜 18:00（入場は 17:30 まで）

▲左　アヘン戦争で使われたという大砲。　▲右　閩王祠、観光地の無料公開が多いのも福州の特徴

時間があったなら

三坊七巷、東街口、于山、烏山はできれば訪れてみたい福州旧城の見どころ。そしてもう少し時間があったなら、東街口の東側に位置する閩王祠と福州開元寺へも行ってみましょう。閩王祠は福州の街づくりを進め、開閩王と呼ばれた王審知（862〜925年）の邸宅跡です。それまで辺境地と見られていた福建省の文化水準を高めた王審知は、福州の人びとにとって、信仰の対象にもなっているようです。東街口から1km、徒歩15分ほどです。もうひとつの福州開元寺も閩王祠からすぐの場所に位置します。福州を旅していて、随分、仏

CHINA
福州

教寺院が多いな〜、と感じていたら、実際、この街は華北の廃仏の影響が少なく、福州の「福」は「仏」に通ずるという見方もできるようです。この福州開元寺には空海（774〜835年）の像が位置します。遣唐使として海を渡った空海は、目的地の揚州、寧波あたりにたどり着けず、福州近くの海岸に漂着したのです。そしてそのとき空海の記した漢文の美しさは福州官吏をうならせたと言います。

[DATA] その他の観光地
・文廟、福州清真寺、閩王祠、福州開元寺

・入場、4つとも無料
・開放時間、9:00 ごろ～ 17:00 ごろまで

［アクセス情報］三坊七巷・東街口～五一広場の移動

・徒歩で 1800m、23 分
・地下鉄1号線「東街口」からひと駅の「南門兜（南门兜)」。そこから徒歩
・路線バス1路で「双抛橋（双抛桥)」か「東街口」から「龍華天橋（龙华天桥)」。もしくは路線バス8路で「東街口」から「于山」

[見せる中国語]
wǒ xiǎng qù sān fāng qī xiàng
ウォシィアン・チュウ
サンファンチイシィアン
私は三坊七巷に行きたい

我想去
三坊七巷

[見せる中国語]
wǒ xiǎng qù jù chūn yuán
ウォシィアン・チュウ
ジウチュンユゥエン
私は聚春園に行きたい

我想去聚春园

[見せる中国語]
wǒ xiǎng qù ān tài lóu
ウォシィアン・チュウ
アンタァイロウ
私は安泰楼に行きたい

我想去安泰楼

[見せる中国語]
wǒ xiǎng qù yú shān
ウォシィアン・チュウ
ユウシャン
私は于山に行きたい

我想去于山

[見せる中国語]
wǒ xiǎng qù wū shān
ウォシィアン・チュウ
ウウシャン
私は烏山（烏石山）に行きたい

我想去乌山

[見せる中国語]
wǒ xiǎng qù lín zé xú jì niàn guǎn ウォシィアン・チュウリィンチェエスウジイニィエングゥアン
私は林則徐紀念館に行きたい

我想去林则徐纪念馆

[見せる中国語]
wǒ xiǎng qù fú zhōu wén miào
ウォシィアン・チュウ
フウチョウウェンミャオ
私は福州文廟に行きたい

我想去
福州文庙

[見せる中国語]
wǒ xiǎng qù fú zhōu qīng zhēn sì
ウォシィアン・チュウ
フウチョウチンチェンスウ
私は福州清真寺に行きたい

我想去
福州清真寺

[見せる中国語]
wǒ xiǎng qù mǐn wáng cí
ウォシィアン・チュウ
ミィンワァンツウ
私は閩王祠に行きたい

我想去闽王祠

[見せる中国語]
wǒ xiǎng qù fú zhōu kāi yuán sì
ウォシィアン・チュウ
フウチョウカァイユゥエンスウ
私は福州開元寺に行きたい

我想去福州开元寺

バスで少し離れの観光地

CHINA 福州

福州旧城の外側に位置する
柔遠駅、西禅寺、泛船浦天主教堂
路線バスに乗って出かけましょう

路線バスが活躍

福州での足となるのは、福州駅と福州南駅を結ぶ南北の大動脈の地下鉄1号線（2016年開通）と、路線バスです。とくに各地へ向かう路線バスは于山南の五一広場界隈に集まっていますので、この五一広場が路線バスの旅の起点になると憶えておくと便利です。福州をぐるり周遊する観光路線の1号線と2号線も、いずれもここ五一広場を起点とします。ただし、ややこしいことに五一広場では、場所はほとんど同じでも、名前の異なるバス停がいくつもありますので、気をつけるようにしてください。バスは路線によって違いますが、大

体7時ごろ〜20時ごろまで走っていると見ておきましょう。

柔遠駅（南公園）へ

福州琉球館こと柔遠駅へ向かってみましょう。最初に記した福州と琉球（沖縄）のつながり。皇帝を頂点とする中華思想の浸透していた中国では、東海の向こうの琉球国は夷狄とも見られていました。そのため、朝貢に訪れた琉球の使節は福州旧城に入ることなく、その外側の場所に隔離されていたのでした。閩江を遡行してきた琉球の使節は、水路をたどって福州旧城南門外、万寿橋のたもとの柔遠駅で旅装をときまし

【白地図】五一広場

CHINA
福州

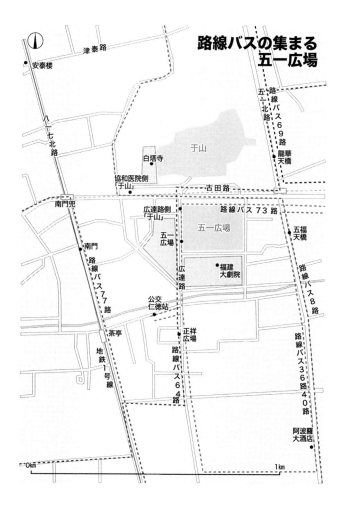

福州

た。そして、正使が北京へのぼっているあいだ、多くの人がここを拠点に交易を行なったと言います。柔遠駅は、かつて清代初期の靖南王だった耿精忠（〜1682年）の別荘だったという福州南公園そばに位置します。少し奥まったところにあるため、柔遠駅の場所はややわかりづらいのですが、南公園の北東方面、路地を進んでいくと真っ白の漆喰壁が目に入ります。そこが柔遠駅です。

[アクセス情報] 柔遠駅最寄りの「南公園（南公园）」へ

・協和医院（协和医院）側「于山」から路線バス8路か101路、

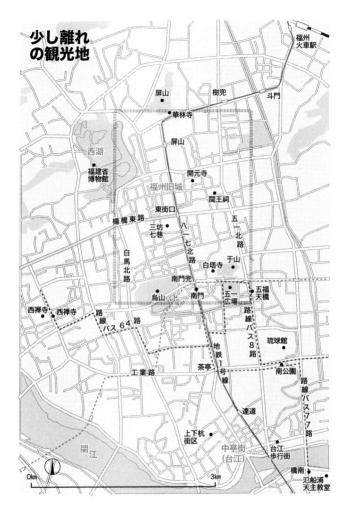

少し離れの観光地

Fuzhou　バスで少し離れの観光地

173路で「南公園(南公园)」

・「五福天橋(五福天桥)」から60路か76路で「南公園(南公园)」

・「南門(南门)」から77路で「南公園(南公园)」

・「西禅寺」から路線バス112路で「南公園(南公园)」というルートもある

[DATA] **柔遠駅**（柔远驿）

・入場、無料

・住所、台江区琯后街40号

・開放時間、9:00 〜 11:00、15:00 〜 17:30

Fuzhou｜バスで少し離れの観光地

西禅寺へ

さて続いて、ど派手な伽藍で知られる西禅寺です。西というのは、福州旧城をとり囲むように、東西南北に4つの禅寺があり、西禅寺がそのひとつであることに由来します。4つの寺院が街を守る、曼荼羅構造をもつ街だったのですね。1990年落成の高さ67m、八角十五層の「報恩塔」がそびえ、黄色の屋根瓦でふかれた伽藍は、東南アジアの福州華僑の援助によるものだということです。

[アクセス情報] 西禅寺へ

・「五一広場」から路線バス64路か観光2号線で「西禅寺」。

・「南公園（南公园）」から路線バス112路で「西禅寺」というルートもある

[DATA] 西禅寺（西禅寺）

・入場、20元

・住所、福州市鼓楼区工業路455号西辺南側

・開放時間、7:00 〜 18:00

▲左　福州琉球館とも呼ばれた柔遠駅。　▲右　堂々としたたたずまいの泛船浦天主教堂

Fuzhou　バスで少し離れの観光地

泛船浦天主教堂へ

最後に閩江の中洲に位置する泛船浦天主教堂へ行ってみましょう。閩江ほとりは南台と呼ばれ、古くから福州港がおかれていた場所です。北岸（中亭街）の台江は明清時代からのにぎわいを見せていたエリアで、昔ながらの街並みが再現された「上下杭街区」、繁華街の「台江歩行街」が位置します。そして、南岸はアヘン戦争（1840〜42年）に敗れた清朝がイギリスをはじめとする西欧列強に開港した旧租界となっています。いわば上海の外灘（バンド）にあたるエリアで、その一角に泛船浦天主教堂が立つのですね。泛船浦天主教堂は

福州

1864年に建てられたあと、何度か改修されて現在にいたるようです。高さは31.2m、尖塔に十字架が立つ姿は、「江南第一大堂」とも呼ばれているようです。

[アクセス情報] 泛船浦天主教堂最寄り駅の「橋南」へ
・協和医院（协和医院）側「于山」から路線バス1路で「橋南（桥南）」
・「南門（南门）」から路線バス77路で「橋南（桥南）」
・「南公園（南公园）」から路線バス77路で「橋南（桥南）」というルートもある

バスで少し離れの観光地 | Fuzhou

[DATA] 泛船浦天主教堂(泛船浦天主教堂)

・入場、無料

・住所、福州市倉山区新民街54号

・開放時間、5:00 〜 11:30、14:00 〜 21:30

我想去柔远驿

[見せる中国語]
wǒ xiǎng qù róu yuǎn yì
ウォシィアン・チュウ・
ロウユゥエンイイ
私は柔遠駅に行きたい

我想去西禅寺

[見せる中国語]
wǒ xiǎng qù xī chán sì
ウォシィアン・チュウ・シイシャンスウ
私は西禅寺に行きたい

我想去
泛船浦
天主教堂

[見せる中国語]
wǒ xiǎng qù
fàn chuán pǔ tiān zhǔ jiào táng
ウォシィアンチュウ・ファンチュゥアン
プウティアンチュウジィアオタァン
私は泛船浦天主教堂
に行きたい

【MEMO】

Fuzhou | バスで少し離れの観光地

【MEMO】

鼓山へ足を伸ばそう

福州東郊外にそびえる鼓山
その中腹に立つ涌泉寺には
多くの福州人が訪れています

福州では鼓山に遊ぶべし

個人的に福州でもっともよかったのは鼓山涌泉寺です。何がよかったのか？　福州からわずかの距離にありながら、鼓山では結界のはられたような幽玄さを感じたのです。夜ならお化けがでそうな雰囲気とでも言うのでしょうか。この鼓山涌泉寺へは行きしなに福州駅からタクシー、帰りしなに路線バスを利用したのですが、ものすごい長い時間山道を走っていました。おそらくわざと遠い北ルートから鼓山涌泉寺にいたったのだと思います。やられました。この鼓山涌泉寺へは「鼓山風景区」とも「下院」とも呼ばれるバス停が最寄りとなっ

ています(両者は同じバス停です)。そこまで路線バスで行って、そこからマイクロバスか徒歩で涌泉寺にのぼるとよいでしょう。

福州～鼓山

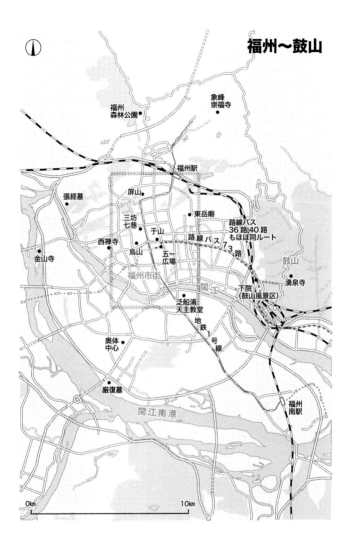

Fuzhou

鼓山へ足を伸ばそう

福州

[アクセス情報] 鼓山涌泉寺最寄りの「**鼓山風景区（鼓山风景区）／下院**」へ

・「五福天橋（五福天桥）」から路線バス36路、40路で「鼓山風景区（鼓山风景区）／下院」

・「龍華天橋（龙华天桥）」から路線バス69路で「鼓山風景区（鼓山风景区）／下院」

・広達路（广达路）側「于山」から路線バス73路か97路で「鼓山風景区（鼓山风景区）／下院」へ。

・なお馬尾の「羅星塔（罗星塔）」と「鼓山風景区（鼓山风景区）／下院」を結ぶ路線バス73路、131路というルートもある

Fuzhou 鼓山へ足を伸ばそう

▲左　鼓山にたたずむ涌泉寺。　▲右　涌泉寺の入口となるバス停が下院（鼓山風景区）

[DATA] 涌泉寺（涌泉寺）

・入場、40元

・住所、晋安区鼓山路

・開放時間、6:30 〜 17:30

・バス停の「鼓山風景区（鼓山风景区）/下院」からは、7元で山の中腹の鼓山涌泉寺までマイクロバスが出ている

我想去鼓山

[見せる中国語]
wǒ xiǎng qù gǔ shān
ウォシィアン・チュウ・グウシャン
私は鼓山に行きたい

我想去涌泉寺

[見せる中国語]
wǒ xiǎng qù yǒng quán sì
ウォシィアン・チュウ・ヨォンチュゥアンスウ
私は涌泉寺に行きたい

我想去
马尾

[見せる中国語]
wǒ xiǎng qù mǎ wěi
ウォシィアン・チュウ・マアウェイ
私は馬尾に行きたい

我想去罗星塔

[見せる中国語]
wǒ xiǎng qù luō xīng tǎ
ウォシィアン・チュウ・ルゥオシィンタア
私は羅星塔に行きたい

【MEMO】

馬尾と海の絲紬之路

鄭和の南海遠征にも登場する閩江河口部
馬尾には高さ 31.5m の羅星塔がそびえ
船乗りたちを導いてきました

福州の外港馬尾へ

馬尾とは福州から閩江を 16 km くだったところに位置する港町です。福州を流れる閩江は河床が浅く、大型船の停泊に向いていないことから、古くから馬尾が福州の外港の役割を果たしてきました。外海から遡行してきた船は、馬尾に停泊し、そこから小型船に乗り換えて、福州旧城へと向かいました。明代、インド洋への大航海を行なった鄭和（1371〜1434年ごろ）の艦隊は福州を出発し、馬尾をへて、何度も儀式のために閩江岸で儀式や船の整備を行ない、海に出るまで 20 日を要することもあったと言います。ここ馬尾には船乗りたち

CHINA
福州

にとって灯台の役割を果たした羅星塔が立つほか、中国の近代化がはじまった場所とも知られます。1842年、アヘン戦争に敗れて上海や福州などの開港を余儀なくされた清朝は、西欧の軍事や制度をとり入れようとし、その場所のひとつに上海や天津とともに福州馬尾を選んだのですね。

[アクセス情報] 馬尾羅星塔へ

・広達路(广达路)側「于山」から路線バス73路で「羅星塔(罗星塔)」
・于山から1時間ぐらいバスに乗車していたように記憶する

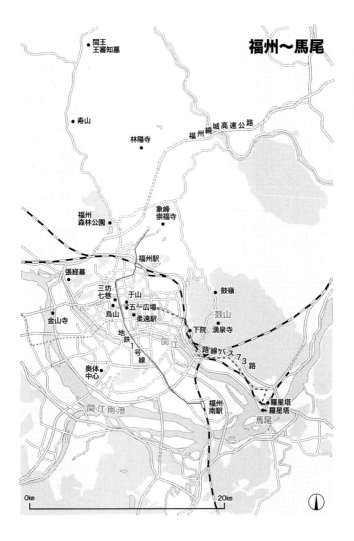

・なお「鼓山風景区（鼓山风景区）/下院」と馬尾の「羅星塔（罗星塔）」を結ぶ路線バス73路、131路というルートもある

[アクセス情報] 路線バス73路

・福州から馬尾へ、公交仁德站→馬尾中鋼（马尾中钢）。5:30〜22:00

・馬尾から福州へ、馬尾中鋼（马尾中钢）→公交仁德站。6:20〜22:50

・公交仁德站（公交仁德站）〜五一広場（五一广场）〜○広達路側の于山（于山）〜古田路（古田路）〜紫陽（紫阳）〜

Fuzhou

馬尾と海の絲紬之路

▲左　馬尾のシンボル羅星塔の高さは31.5m。　▲右　路線バス73路が福州と馬尾を結んでいる

大名城（大名城）〜腫瘤医院（肿瘤医院）〜前嶼（前屿）〜恒宇国際公園（恒宇国际公园）〜遠洋（远洋）〜硫酸廠（硫酸厂）〜鼓山中学（鼓山中学）〜省革命暦史紀念館（省革命历史纪念馆）〜○鼓山風景区（鼓山风景区）/下院〜招呼站（招呼站）〜福馬路魁岐（福马路魁岐）〜宏昌公司（宏昌公司）〜上坂（上坂）〜龍門（龙门）〜東聯（东联）〜快安（快安）〜儒江（儒江）〜上徳（上德）〜下徳（下德）〜六江（六江）〜胐頭（胐头）〜君竹環島（君竹环岛）〜沿山市場（沿山市场）〜馬尾区委（马尾区委）〜港口路（港口路）〜○羅星塔（罗星塔）〜〜〜〜〜馬尾中鋼（马尾中钢）

福州

[DATA] **羅星塔**(罗星塔)

・入場、無料

・住所、馬尾区港口路 83 号羅星塔公園内

・開放時間、8:00 〜 17:30

【MEMO】

さあ
次の街に
行こう

CHINA
福州

福州の旅が終わっても
旅はまだまだ続く
泉州へ、厦門へ、向かいましょう

次なる街は。。。

福州での観光を終えたなら、次の街へと向かいましょう。今回の福州滞在では、高鉄が通じたこともあり、日帰りで武夷山へと行ってまいりました。福州から片道1時間半の距離。十分、日帰りできるようになっているのです。なお、空路利用で福州長楽国際空港に向かう場合、到着地と同じで、「五一中路阿波羅大酒店(五一中路阿波罗大酒店)」「福州北バスターミナル(汽车北站)」「正祥広場(正祥广场)」から空港行きシャトルバスが出ています。

Fuzhou

さあ次の街に行こう

［アクセス情報］福州から厦門

・列車で。「福州駅（福州火车站）」もしくは「福州南駅（福州南站）」から「厦門駅（厦門站）」もしくは「厦門北駅（厦門北站）」へ。所要1時間半〜2時間半。頻繁に出ている

・バスで。「福州北バスターミナル（福州市汽车北站）」から。所要3時間半〜4時間

福州

［アクセス情報］福州から泉州

・列車で。「福州駅（福州火车站）」もしくは「福州南駅（福州南站）」から「泉州駅（泉州站）」へ。所要 1 時間〜 1 時間 15 分程度。頻繁に出ている

・バスで。「福州北バスターミナル（福州市汽车北站）」から。所要 2 時間半から 3 時間

［アクセス情報］福州から武夷山

・動車で「福州駅（福州火车站）」から「武夷山東（武夷山东）」か「武夷山北」へ。所要 1 時間半。1 時間に 1 〜 2 本程度

Fuzhou　さあ次の街に行こう

［アクセス情報］福州から上海

・列車で。「福州駅（福州火车站）」もしくは「福州南駅（福州南站)」から「上海虹橋（上海虹桥)」へ。4時間半〜6時間半程度。1時間に1〜3本ほど

・バスで。「福州北バスターミナル（福州市汽车北站)」から。1日数本。所要10〜12時間

[見せる中国語]
wǒ xiǎng qù xià mén
ウォシィアンチュウ
シャアメン
私は厦門に行きたい

我想去厦门

CHINA
福州

あとがき

　予想だにしなかった場所で、予想だにしなかった味に出合う。今から15年以上昔、はじめて中東を訪れたときのことです。モスクワからアエロフロートでレバノンのベイルートに入り、そこで頬張ったサンドイッチの美味しさ。砂漠やイスラム教のイメージが強い中東で、豊かな食文化があるとはつゆ知らず、それまで抱いていた自分の常識がくつがえされた瞬間でした。

　レバノンに続いて訪れたシリアでも同じで、街角で食べる

Fuzhou

あとがき

料理、どれもが安くて、美味いアラビア料理を堪能でき、私にとってレバノンやシリアは卓越した食文化をもつ国として記憶されています(こちらの不勉強が原因でしたが、地中海に面するレバノンやシリアはアラビア料理の代表格だとのことです)。

　これまで20年ほど、バックパックを背負い、屋台メシをつつき、街をそぞろ歩くという旅のスタイルを続けるなかで、街角で食べられているもの、どれもが美味しい、そう強く感じたのが、今回、ご案内した福州でした。閩菜とも呼ばれる福建料理は山海の幸がふんだんに使われ、味つけも日本人好

福州

み。街を歩いては小吃をつまむといったことを繰り返していました。

　旅の醍醐味は何と言っても「食」。宴会料理や小吃料理、そして烏龍茶、さまざまな福州の食をご堪能いただければと思います。

2016 年 7 月 12 日　たきざわ旅人

Fuzhou | あとがき

参考資料

福建省旅游局官方网站 http://www.fjta.com/

福州市旅游局 http://lyj.fuzhou.gov.cn/

福州公交集団 http://www.fz-bus.cn/

福州地铁 http://www.fzmtr.com/

元翔（福州）国际航空港有限公司

http://www.fuzhouairport.com.cn/

[PDF] 福州地下鉄路線図 http://machigotopub.com/pdf/fuzhoumetro.pdf

[PDF] 福州 STAY（ホテル＆レストラン情報）

http://machigotopub.com/pdf/fuzhoustay.pdf

まちごとパブリッシングの旅行ガイド
Machigoto INDIA , Machigoto ASIA , Machigoto CHINA

【北インド - まちごとインド】

001 はじめての北インド
002 はじめてのデリー
003 オールド・デリー
004 ニュー・デリー
005 南デリー
012 アーグラ
013 ファテープル・シークリー
014 バラナシ
015 サールナート
022 カージュラホ
032 アムリトサル

【西インド - まちごとインド】

001 はじめてのラジャスタン
002 ジャイプル
003 ジョードプル
004 ジャイサルメール
005 ウダイプル
006 アジメール（プシュカル）
007 ビカネール
008 シェカワティ
011 はじめてのマハラシュトラ
012 ムンバイ
013 プネー
014 アウランガバード
015 エローラ
016 アジャンタ
021 はじめてのグジャラート
022 アーメダバード
023 ヴァドダラー（チャンパネール）
024 ブジ（カッチ地方）

【東インド - まちごとインド】

002 コルカタ
012 ブッダガヤ

【南インド - まちごとインド】

001 はじめてのタミルナードゥ
002 チェンナイ
003 カーンチプラム
004 マハーバリプラム
005 タンジャヴール
006 クンバコナムとカーヴェリー・デルタ
007 ティルチラパッリ
008 マドゥライ
009 ラーメシュワラム
010 カニャークマリ
021 はじめてのケーララ
022 ティルヴァナンタプラム
023 バックウォーター（コッラム〜アラップーザ）
024 コーチ（コーチン）
025 トリシュール

【ネパール - まちごとアジア】

001 はじめてのカトマンズ
002 カトマンズ
003 スワヤンブナート

004 パタン
005 バクタプル
006 ポカラ
007 ルンビニ
008 チトワン国立公園

【バングラデシュ - まちごとアジア】

001 はじめてのバングラデシュ
002 ダッカ
003 バゲルハット（クルナ）
004 シュンドルボン
005 プティア
006 モハスタン（ボグラ）
007 パハルプール

【パキスタン - まちごとアジア】

002 フンザ
003 ギルギット（KKH）
004 ラホール
005 ハラッパ
006 ムルタン

【イラン - まちごとアジア】

001 はじめてのイラン
002 テヘラン
003 イスファハン
004 シーラーズ
005 ペルセポリス
006 パサルガダエ（ナグシェ・ロスタム）
007 ヤズド
008 チョガ・ザンビル（アフヴァーズ）
009 タブリーズ
010 アルダビール

【北京 - まちごとチャイナ】

001 はじめての北京
002 故宮（天安門広場）
003 胡同と旧皇城
004 天壇と旧崇文区
005 瑠璃廠と旧宣武区
006 王府井と市街東部
007 北京動物園と市街西部
008 頤和園と西山
009 盧溝橋と周口店
010 万里の長城と明十三陵

【天津 - まちごとチャイナ】

001 はじめての天津
002 天津市街
003 浜海新区と市街南部
004 薊県と清東陵

【上海 - まちごとチャイナ】

001 はじめての上海
002 浦東新区
003 外灘と南京東路
004 淮海路と市街西部
005 虹口と市街北部
006 上海郊外（龍華・七宝・松江・嘉定）
007 水郷地帯（朱家角・周荘・同里・甪直）

【河北省 - まちごとチャイナ】

001 はじめての河北省
002 石家荘
003 秦皇島
004 承徳
005 張家口
006 保定
007 邯鄲

【江蘇省 - まちごとチャイナ】

001 はじめての江蘇省
002 はじめての蘇州
003 蘇州旧城
004 蘇州郊外と開発区
005 無錫
006 揚州
007 鎮江
008 はじめての南京
009 南京旧城
010 南京紫金山と下関
011 雨花台と南京郊外・開発区
012 徐州

【浙江省 - まちごとチャイナ】

001 はじめての浙江省
002 はじめての杭州
003 西湖と山林杭州
004 杭州旧城と開発区
005 紹興
006 はじめての寧波
007 寧波旧城
008 寧波郊外と開発区
009 普陀山
010 天台山
011 温州

【福建省 - まちごとチャイナ】

001 はじめての福建省
002 はじめての福州
003 福州旧城
004 福州郊外と開発区
005 武夷山
006 泉州
007 厦門
008 客家土楼

【広東省 - まちごとチャイナ】

001 はじめての広東省
002 はじめての広州
003 広州古城
004 天河と広州郊外
005 深圳（深セン）
006 東莞
007 開平（江門）
008 韶関
009 はじめての潮汕
010 潮州
011 汕頭

【遼寧省 - まちごとチャイナ】

001 はじめての遼寧省
002 はじめての大連
003 大連市街
004 旅順
005 金州新区

006 はじめての瀋陽
007 瀋陽故宮と旧市街
008 瀋陽駅と市街地
009 北陵と瀋陽郊外
010 撫順

【重慶 - まちごとチャイナ】

001 はじめての重慶
002 重慶市街
003 三峡下り（重慶〜宜昌）
004 大足

【香港 - まちごとチャイナ】

001 はじめての香港
002 中環と香港島北岸
003 上環と香港島南岸
004 尖沙咀と九龍市街
005 九龍城と九龍郊外
006 新界
007 ランタオ島と島嶼部

【マカオ - まちごとチャイナ】

001 はじめてのマカオ
002 セナド広場とマカオ中心部
003 媽閣廟とマカオ半島南部
004 東望洋山とマカオ半島北部
005 新口岸とタイパ・コロアン

【Juo-Mujin（電子書籍のみ）】

Juo-Mujin 香港縦横無尽
Juo-Mujin 北京縦横無尽
Juo-Mujin 上海縦横無尽

【自力旅游中国 Tabisuru CHINA】

001 バスに揺られて「自力で長城」
002 バスに揺られて「自力で石家荘」
003 バスに揺られて「自力で承徳」
004 船に揺られて「自力で普陀山」
005 バスに揺られて「自力で天台山」
006 バスに揺られて「自力で秦皇島」
007 バスに揺られて「自力で張家口」
008 バスに揺られて「自力で邯鄲」
009 バスに揺られて「自力で保定」
010 バスに揺られて「自力で清東陵」
011 バスに揺られて「自力で潮州」
012 バスに揺られて「自力で汕頭」
013 バスに揺られて「自力で温州」
014 バスに揺られて「自力で福州」

【車輪はつばさ】
南インドのアイラヴァテシュワラ寺院には建築本体に車輪がついていて寺院に乗った神さまが人びとの想いを運ぶと言います。

- 本書はオンデマンド印刷で作成されています。
- 本書の内容に関するご意見、お問い合わせは、発行元の
  まちごとパブリッシング info@machigotopub.com までお願いします。

Tabisuru CHINA 014
バスに揺られて「自力で福州」
〜自力旅游中国［モノクロノートブック版］

2017年11月14日　発行

著　者	「アジア城市（まち）案内」制作委員会
発行者	赤松　耕次
発行所	まちごとパブリッシング株式会社 〒181-0013　東京都三鷹市下連雀4-4-36 URL http://www.machigotopub.com/
発売元	株式会社デジタルパブリッシングサービス 〒162-0812　東京都新宿区西五軒町11-13 清水ビル3F
印刷・製本	株式会社デジタルパブリッシングサービス URL http://www.d-pub.co.jp/

MP184

ISBN978-4-86143-318-4 C0326　　　　Printed in Japan
本書の無断複製複写（コピー）は、著作権法上での例外を除き、禁じられています。